L'HEROS

DE
LAVRENS GRACIAN
GENTIL-HOMME
ARRAGONOIS.

Traduit nouuellement en François.

Par le Sr. Geruaise Medecin Ordinaire du
Roy, estably dans la ville & Chasteau
de Perpignan.

A PARIS,
Chez la veufue PIERRE CHEVALIER,
ruë S. Iacques, à l'Image S. Pierre.

M. DC. XLV.
Auec Priuilege du Roy.

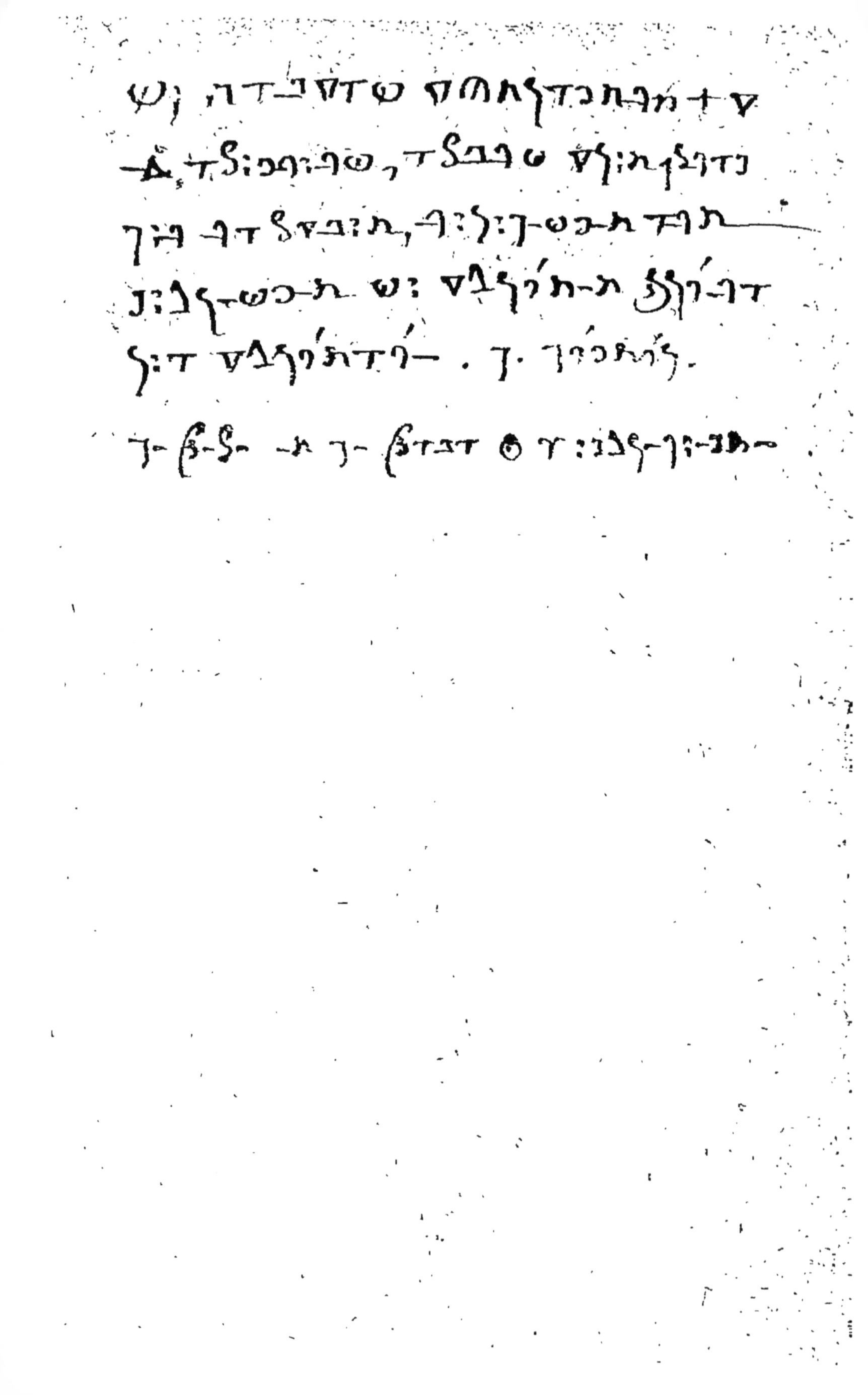

[illegible]
[illegible]
[illegible]
[illegible]
[illegible]

[illegible]

A MONSIEVR,

Le Roy Conseiller du Roy en ses
Conseils.

MONSIEVR,

La memoire de vos bien-faits
me sollicitant de iour en iour à
vous donner des marques de ma
reconnoissance : i'ay creu ne pouuoir mieux satisfaire à cette obligation, qu'en vous presentant vn
Heros, dont vous possedez les
qualitez. La parfaicte ressemblance de vos inclinations auec
les siennes, estant celle qui vous
le doit rendre infailliblement re-

commandable, luy a auſſi perſua-
dé que vous le receurez comme
vn autre vous meſme ; & quoy
qu'il ſoit eſtranger, il n'aprehen-
de point de ſe ietter entre vos
bras, ayant pour caution de cette
liberté, le fauorable acueil que vous
faictes tous les iours à tant de na-
tions eſtrangeres, & que vous ca-
reſſez auec tant d'accortiſe & de
ciuilité, que c'eſt auiourd'huy le
plus aſſeuré lien qui les tient attachez au ſeruice de cette couronne. Il s'eſt neantmoins traueſty à
la Françoiſe, & s'eſt deffaict de
ſon langage Caſtillan, pour ne
point donner d'ombrage à vos tres
pures intentions, & ne choquer en
rien les mouuements de voſtre
cœur ſi intimement vny à la con-
ſeruation de cet Eſtat, qu'il aban-

donneroit plustost la vie que de
consentir à vne pensee Espagnolle.
Dailleurs considerant que parmy
les vertus qui rendent vostre personne illustre, vous faictes parti-
culiere profession de la sincerité, il
a voulu vous imiter en elle, & faire en sorte que les parolles de sa
bouche s'accordassent auec les sen-
timens de son ame ; mais ce qui
l'asseure dauantage dans son des-
guisement, & qui releue encore
plus ses esperances, est la nature
des maximes et l'excellence de la
Politique, qu'il vous presente,
dans lesquelles vous sympatisez
tellement auec luy, & paroissez si
extraordinairement consommé,
qu'il n'est personne qui n'auoüe
que cette florissante Monarchie ne

ã iij

connoiſſance, ce petit Heros a,
particulierement flatté ma fan-
taiſie, & m'a tellement ſatisfaict,
qu'en reuãche du plaiſir que m'a
donné ſa lecture, i'ay reſolu de
luy faire voir la France, aux deſ-
pens de mon trauail, & fauoriſer
cette inclination ſi ordinaire à
tous les Heros, de voyager dans
les pays eſtrangers. Que ſi tu me
reproches que ie l'ay accompa-
gné d'vne rudeſſe de langage qui
n'a point de correſpõdance auec
la Maieſté de tant de belles penſées, ie te prie de conſiderer que
ie ſuis enuironné de l'aſpreté des
Pirenees, & que ie vis dans vn
pays, où les ouurages de l'Acade-
mie ſont auſſi rares, que les beaux
iours y ſont communs: contente

toy donc, s'il te plaist, du soin que
i'ay apporté pour me rendre clair
& intelligible, & fais comme le
voyageur, lequel se trouuant de-
gousté de boire d'vn ruisseau, à
cause de la mauuaise qualité de
ses eaux, ne laisse pourtant pas
de se reposer sur son riuage, & diuertir quelque temps ses yeux &
sa resuerie dans la clarté de son
courant cristallin.

AV LECTEVR,

VE ie te desire parfaict, i'entreprends de former vn Gean auec vn liure Nain, & en peu de parolles des actions immortelles : c'est vn miracle en perfection de mettre au iour vn homme accomply, & lequel n'estant point Roy par nature, surpasse neantmoins les Roys par ses qualitez.

Seneque luy a donné la prudéce, Esope la subtilité, Homere la vaillance, Aristote la Philosophie, Tacite la Politique, & le

Comte Baltazar luy a enseigné à estre courtisan. Suiuãt ce dessein & contretirant quelques eminentes parties sur les ouurages de ces grands maistres, ie pretens d'en esbaucher vn Heros : c'est pourquoy i'ay aiusté cette petite production des plus beaux traits de ces grands esprits, & des foiblesses du mien : quelquefois il te flattera & t'aduertira, & quelquefois tu verras en luy, ou ce que tu es desia, ou ce que tu deurois estre.

Tu auras icy non seulement vne Politique ; mais encore vne œconomique, & vne raison d'estat de toy-mesme, vne boussolle pour voyager à l'excellence, & vn art pour estre eminent

auec peu de regles de discre-
tion.

Ie me suis seruy d'vn stile con-
cis, à cause de la grandeur de ton
entendement, & court pour la
disette de ma pensee, & ie ne
veux point t'arrester, affin que
tu passes plus auant.

sans le consentement de ladite veufue Cheualier, à peine de mil liures d'amende, confiscation des exemplaires & de tous depens dommages & interests, ainsi que plus amplement il est porté par ledit Priuilege, Donné à Paris le 12. Mars 1645. & de nostre regne le deuziesme.

Par le Roy en son Conseil.

RENOVARD.

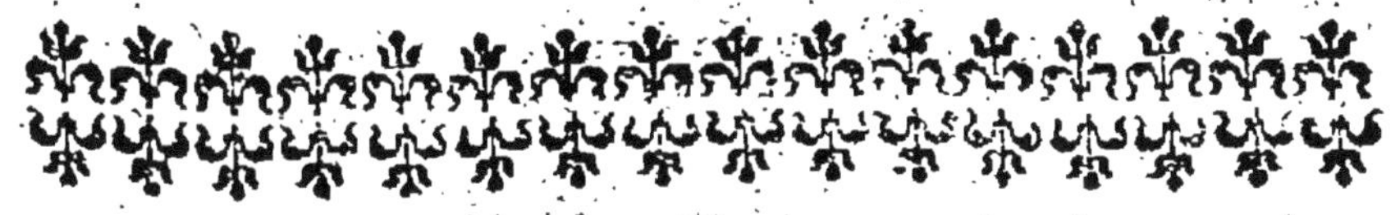

A MONSIEVR GERVAISE

sur la Traduction de son Liure,

EPIGRAMME.

TV dreſſe à ton Heros d'agreables
autels,
Tu luy couure le front de lauriers immortels,
Quand tu le fais ſortir hors des riues du Tage.
Auſsi faut qu'il auoüe auoir puisé de nous,
Ce qu'il a de plus doux:
Et ſon pays ingrat n'ayant pas le courage,
D'admirer ſon ouurage,
Pour le mieux chaſtier emprunte hardiment,
De ton rare ſçauoir vn autre veſtement.

P. Claquenelle.

AV MESME

QVATRAIN.

Qvel excez de bon-heur, ô France, t'ac-
 compagne
Quel suiect n'as-tu point d'esperer cette fois !
Puis que l'vnique Heros qui fut dedans l'Es-
 pagne,
Au cœur de son pays est deuenu François.

H. L. Iacquelin.

Non erat ex omni tuus Heros parte beatus
 Affatu placidos lingua superba fugat.
Proin facis hunc Gallũ, Geruasi, gnarus inept'u
 Heroa Herculeo durius ore loqui.

I. P.

L'HEROS
DE
LAVRENS
GRACIAN
GENTIL-HOMME
ARRAGONOIS,

Traduit nouuellement en François.

PREMIERE PARTIE.

Que l'Heros ne doit point donner à comprendre le fonds de sa capacité.

A premiere addresse d'vn habile homme & bien entendu, consiste à mesurer le lieu auec son artifice:

A

c'eſt vn coup de maiſtre de ſe
faire connoiſtre , mais non pas
comprendre; entretenir l'attente
& ne la démentir iamais entierement : le beaucoup, doit pro-
mettre dauantage, & la meilleure action, laiſſer touſiours des eſ-
perances d'vne plus grande.

L'habile homme doit empeſ-
cher qu'on ne luy fonde ſon
fonds, s'il veut qu'on le reſpecte:
vn fleuue eſt redoutable iuſques
à ce que l'on ayt trouué ſon gué;
& vn homme pareillement ho-
noré , iuſques à ce qu'on ayt
connu les bornes de ſa capacité:
parce que la profondeur qui eſt
ignorée & preſumée, a touſiours
maintenu le credit par la défian-
ce ou par la crainte, voyez qui
ſera le meilleur.

C'eſt vne façon de parler fort propre, de dire, que ce qui deſcouure, commande; la victoire balançant dés auſſi toſt de part & d'autre, ſi celuy qui comprend commande, celuy qui ſe met à couuert, ne cede iamais.

L'homme bien auiſé doit faire en ſorte que ſon addreſſe ſoit égalle à la curioſité de celuy qui eſt attentif à le reconnoiſtre : car cette derniere a couſtume de redoubler ſes efforts dans les commencemens.

Vn adroit engagé dans vn effort, ne s'arreſta iamais au premier coup d'eſſay ; il va s'engageant du premier au ſecond, & touſiours en auançant.

C'eſt vn auantage qui n'appartient qu'à l'Eſtre infiny, d'en

cherir tous les iours sur les belles
productions de sa puissance, &
demeurer encor auec vn reste
d'infinité : Prends bien garde à
cette premiere regle de grandeur,
& si tu ne puis pas estre infiny,
tasche de le paroistre : car ce n'est
pas vne subtilité commune.

Dans ce sentiment, personne
ne fera scrupule de donner des
applaudissemens au paradoxe du
sage de Mitylene : la moitié est
plus que le tout; parce qu'vne
moitié en parade, & l'autre à
couuert, est plus qu'vn tout declaré.

Ce grand Roy premier du
nouueau monde & dernier d'Arragon, a esté maistre passé dans
cette habilité comme dans toutes les autres, & l'a possedée auec

tant d'auantage, que pas vn de
tous ſes ſucceſſeurs n'a emporté
la gloire de l'auoir ſurmonté.

Ce Catholique Monarque tenoit ſans ceſſe en haleine tous les
Princes de ſon aage, plus par les
belles qualitez qui eſclattoient
tous les iours dans ſon eſprit, que
par les nouuelles couronnes qu'il
ioignoit à ſes Eſtats.

Mais ce Prince d'incompara-
ble prudence, ce grand reſtaura-
teur de la Monarchie des Goths,
n'a iamais paru auec plus d'eſclat
en cette matiere, que lors qu'eſ-
bloüiſſant les yeux meſmes de ſa
tres-chere eſpouſe, tres-adroitte
Princeſſe, & enſuitte ceux de ſes
Courtiſans ſubtils à eſpier ſes de-
portemens, & ſonder la vigueur
de ſon ame : tantoſt il ſe deſcou-

uroit adroitement à eux, puis se
resserroit tout à coup; tantost il
s'abandonnoit à leur curiosité,
puis leur tiroit accortement le
rideau, menageant son esprit auec
tant de conduitte, qu'enfin de
curieux, il les rendit admirateurs.

O homme dont la passion ne
trauaille que pour la renommée,
toy qui aspires à la grandeur que
tout le monde te connoisse, mais
que personne ne te comprenne!
auec cette addresse, le mediocre
paroistra beaucoup, le beaucoup
infiny, & l'infiny, dauantage.

PARTIE II.

Couurir la volonté.

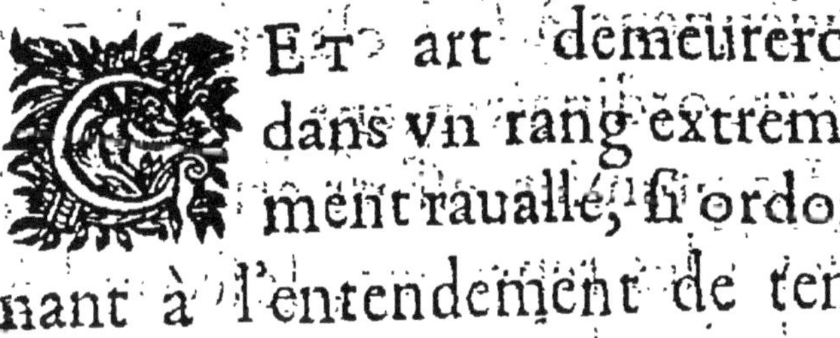

ET art demeureroit dans vn rang extreme-ment rauallé, si ordon-nant à l'entendement de tenir resserrée sa capacité, il ne recom-mandoit aussi à la passion, de dis-simuler ses saillies.

Cette partie de subtilité est tellement accreditée, que Tibere & Louys ont esleué sur elle toute la machine de leur Politique.

Tout ainsi que la precaution

que nous apportons à couurir
noſtre capacité, eſt la preuue cer-
taine de noſtre ſuffiſance, de meſme elle nous aquiert vn tiltre de
ſouueraineté ſur nous-meſmes,
lors que nous l'employons à cacher noſtre volonté : les foiblef-
ſes de la volonté ſont les ſynco-
pes de la reputation, & ſi celles-
là viennent à ſe declarer, celle-cy
auorte ordinairement.

Le premier effort arriue iuf-
ques à les reprimer, le ſecond à
les diſſimuler. Le premier tient
plus de la valeur & ce dernier de
l'aſtuce.

Celuy qui s'y laiſſe vaincre, ra-
ualle la raiſon à la baſſeſſe de la
brutalité ; celuy qui les tient en
bride, conſerue pour le moins en
apparence le credit.

Penetrer la volonté d'autruy est vne marque d'eminente capa-cité, & sçauoir cacher la sienne propre, est vn aduantage sans pareil.

Donner à connoistre vne passion, est la mesme chose qu'ou-urir vn guichet à la forteresse de la capacité; c'est là où les espions Politiques dressent leur baterie; c'est par là où ils assaillent le plus souuent auec triomphe, les passions connuës; les entrées & sor-ties d'vne volonté le sont aussi.

L'inhumaine Gentilité en a mis plusieurs au nombre des Dieux auec moins de la moitié des faits heroïques d'Alexandre, & a neantmoins refusé à ce glo-rieux Macedonien, le titre d'vne Diuinité : elle n'a pas seulement

marqué vne petite place dans le
Ciel à celuy qui auoit occupé
tout vn monde ; d'où vient donc
tant de chicheté où il y a tant de
prodigalité?

Alexandre ternit le luſtre de
ſes proüeſſes par le deſreglement
de ſes fureurs, & ſe deſmentit ſoy-
meſme tant de fois triomphant
en ſe rendant à la foibleſſe de la
paſſion : Peu luy ſeruit la con-
queſte d'vn monde, s'il perdit le
patrimoine d'vn Prince, qui eſt
la reputation.

L'exceſſiue colere & la con-
uoitiſe demeſurée, ſont les deux
eſcueils de l'excellence & de la reputation.

Que l'habile homme prenne
donc garde premierement à reprimer ſes paſſions, s'il n'a pas la

force de les diſſimuler ; mais auec
telle dexterité, qu'aucune contre-
mine ne puiſſe deſcouurir ſa volonté.

Cette partie enſeigne à ſe monſtrer habile , quoy qu'on ne le
ſoit pas, & vient encor à paſſer
plus auant iuſques à cacher les
moindres defauts , eludant les
ſoings de ceux qui veillent pour
nous ſurprendre , & aueuglant
les yeux de ces Linx touſiours oc-
cupez à la deſcouuerte des imperfections d'autruy.

Cette Amazone Catholique
apres laquelle l'Eſpagne n'a
point eu ſuiet d'enuier les Zeno-
bies, les Tomiris, & les Semira-
mis, pouuoit eſtre l'Oracle de ces
ſubtilitez : elle s'enfermoit dans
le temps de ſes couches , dans le

cabinet le plus retiré de son Pa-
lais, où la maiesté naturelle ia-
louse de sa grauité inseparable,
mettant vn sceau aux souspirs sur
sa royalle poitrine, ne permet-
roit pas seulement qu'il en sortit
vn accent plaintif, & couuroit du
voile des tenebres, les gestes in-
decens que la violence de la dou-
leur luy pouuoit arracher: Com-
bien donc eust-elle esté scrupuleuse dans les occasions de l'honneur, puisqu'elle s'attachoit à tant
de contraintes, dans le rencontre
d'vne incommodité si excusable?

Le Cardinal Madruce ne quali-
fioit point de sot, celuy qui s'emporte à vne sotise; mais bien celuy là qui l'ayant commise, ne la
sçait pas estouffer.

L'homme qui a le pouuoir de
se taire, peut arriuer à cette excellence : c'est vne inclination qua-
lifiée qui se perfectionne par
l'art: c'est l'attribut d'vne Diuinité, sinon par nature, au moins
ressemblance.

PARTIE III.

La meilleure qualité d'vn Heros.

L faut de grandes par-
ties pour composer vn
grand tout, & grandes
qualitez pour esleuer la machine
d'vn Heros.

Les passionnez donnent le

premier lieu à l'entendement,
cóme à l'origine de toute grandeur; & tout ainſi qu'ils ne font
paſſer perſonne pour grand, ſans
des excez de l'entendement, de
meſme ils ne reconnoiſſent aucun homme pour extremement
entendu, ſans grandeur.

La plus excellente de toutes les
choſes viſibles, eſt l'hóme, à raiſon de ſon entendement; & en
ſuitte, ſes victoires ſont les plus
grandes.

Cette partie principalle ſe com-
poſe de deux autres, à ſçauoir
d'vn fonds de iugement & d'vne
eleuation d'eſprit, qui forment
vn prodige, s'ils ſe rencontrent
vnis enſemble.

La Philoſophie attribue auec
prodigalité, deux puiſſances à la

memoire & autant à l'entendement : souffrez que la Politique
auec plus de raison introduise
vne diuision entre le iugement
& l'esprit, entre la synderese & la
pointe.

Cette seule distinction d'intelligence est à preferer à vne verité scrupuleuse, & condamne cette grande multiplication d'esprits, comme superfluë & coupa-
ble des desordres qui arriue-
roient entre l'entendement & la
volonté.

Le iugement est le throsne de
la prudence, & l'esprit la sphere
de la pointe : mais de sçauoir si
l'eminence de l'vn doit estre plus
estimée que la mediocrité de l'autre, la decision en appartient au
sentiment & à l'inclination d'vn

chacun : ie m'en rapporte à celle
qui faiſoit cette priere : Mon fils
Dieu te donne du bon entendement.

La force, la promptitude, & la
ſubtilité de l'eſprit, ſont les ſoleils
racourcis de ce monde : ce ſont
comme des eſtincelles pour ne
point dire des rayons de la Diuinité : tous les Heros ont participé aux excés de l'Eſprit.

Les paroles ſententieuſes d'A-
lexandre ont fait eſclatter ſes
hauts faits : Cæſar fut prompt
dans la penſée comme dans l'execution.

Mais quelle apparence de pouuoir bien priſer les veritables Heros ? on eſt en doute lequel des
deux a excedé en Auguſtin, où
l'Auguſte Maieſté de ſon raiſonnement,

nement, ou la pointe de ſa penſée, & dans ce fameux Laurier
qu'à produit Hueſca, pour ſeruir
de Couronne à l'Empire Ro-
main, la conſtance & la ſubtilité
ont debattu du premier rang.

Les promptitudes de l'eſprit
ſont autant heureuſes que celles
de la volonté ſont infortunées:
ce ſont des aiſles pour voler à la
grandeur, auec leſquelles pluſieurs ſe ſont remontés du centre
de la baſſeſſe au plus haut poinct
de la ſplendeur.

Le grand Seigneur ayant accouſtumé de prendre quelquefois ſon diuertiſſement, ſur vn
balçon, pluſtoſt deuant la po-
pulace de ſes iardins que de celle
de la place publique, veritable
priſon de ſa majeſté, & les fers

de la grandeur , commença vn
iour à lire vne lettre, laquelle les
vents, ou par raillerie, ou pour
luy faire veoir qu'il y auoit vne
souueraineté au dessus de la sienne, luy arracherent des mains &
l'emporterent parmy les feüilles.
Là dessus les pages transportés
du desir de plaire à ce grand
Prince, pousserent à l'enuie du
haut de l'escallier en bas; mais vn
d'entr'eux, Ganimede en son inuention, sceut bien trouuer vn
souftien dans la region de l'air;
il se precipite, il vole, il ramasse ce
papier, & remontoit desia quand
les autres descendoient, & ce fut
veritablement remonter ; parce
que le Prince charmé par la nouueauté de cette action, l'esleua au
plus haut rang de la grandeur;

tant il est vray que la pointe de
l'esprit merite d'estre associée à
l'empire, si elle ne regne pas.

C'est elle qui estalle par tout
nos belles qualitez, elle publie
nostre reputation, & releue d'autant plus son suiet, que le fondement en est profond.

Les rencontres ordinaires d'vn
Roy, sont des pointes couron-
nées : les grands tresors des Monarques, se sont euanouys : mais
leurs sentences se conseruent
dans le cabinet de la renommée.

Tel champion a quelquesfois
plus gaigné par vne gentile repartie, que par le fer de tous ses
escadrons : la victoire estant la
recompense d'vne pointe d'esprit.

La sententieuse promptitude

que fit paroiftre le Roy des Sages, & le plus Sage des Roys, fur
le different de ces deux femmes,
qui plaidoient pardeuant luy,
pour leurs enfans, a efté la trompette de fa gloire, & la pierre de
touche de fa haute fageffe : d'où
il appert que la fubtilité contri-
buë auffi à la reputation de fa
iuftice.

Celuy mefme qui en eft le Soleil, prefide quelquefois dans les
tribunaux des barbares : la viua-
cité de ce grand Turc, entre en
competence auec celle de Salomon? vn Iuif pretendoit couper
vne once de chair d'vn Chreftien,
felon les peines ordonnées, parmy cette nation contre les vfu-
riers : il infiftoit là deffus auec
autant d'opiniaftreté deuant fon

Prince, que de perfidie à son
Dieu; le grand Iuge commanda
qu'on apportaſt la balance & le
couteau, le menaçant de la mort
s'il en coupoit plus ou moins, &
par ce moyen il donna vn aigu
trenchant au procez, & au monde vn miracle d'eſprit.

Cette promptitude ingenieuſe, eſt vn oracle dans les plus
grands doutes, vne Sphinx dans
les enigmes, vn filet d'or dans les
Labirintes, & tient beaucoup du
naturel du Lion, qui ne fait iamais ſes plus grands efforts que
dans l'extreme peril.

Mais il eſt auſſi des prodigues
d'eſprit, de meſme que de biens;
libres & auantageux de leurs
pointes; faucons baſtards pour
les priſes releuées, & des aigles

pour les plus viles, picquans &
fatiriques qui ont esté petris auec
le venin, comme les cruels auec
le sang : leur subtilité legere auec
vne estrange contrarieté, les ra-
ualle dans l'extreme mespris, &
les rend ennuyeux & insuporta-
bles à tout le monde.

Iusques icy sont les faueurs de
la nature, d'icy en auant les perfections de l'art : cette premiere
est celle qui engendre la pointe,
& la seconde la nourrit & l'entretient, tantost par la souuenan-
ce des subtiles reparties d'autruy,
tantost par vn soing anticipé, &
vne estude de diuerses remar-
ques.

Les discours & les actions d'autruy sont des semences de pointes dans vne fertile capacité des-

quelles, l'eſprit s'eſtant rendu fe-
cond, il vient a en produire vne
abondance de ſubtilité.

Ie ne prens pas en main la cauſe du iugement ; parce qu'il par-
le ſuffiſamment pour ſoy.

PARTIE IV.

Cœur de Roy.

A grande teſte appar-
tient aux Philoſophes,
la grande langue aux
orateurs, la poitrine aux Atletes,
les bras aux ſoldats, les pieds aux
coureurs, les eſpaules aux luit-
teurs, & le grand cœur appartient

aux Roys : c'eſt vne des diuinitez
de Platon, & vn texte à la faueur
duquel pluſieurs font conteſter
le cœur auec l'entendement tou-
chant la preeminence.

Que ſert à l'intelligence de
s'auancer, ſi le cœur demeure en
arriere : le caprice conçoit doucement ce qui couſte beaucoup au
cœur d'executer auec honneur.

Les ſubtilitez du raiſonnement
font ſteriles pour la pluſpart, &
ſi delicates qu'elles font paroiſtre
de la foibleſſe dedans l'execution.

Les grands effets procedent
d'vne grande cauſe, & les exploits
extraordinaires d'vn prodige de
cœur, les enfans d'vn cœur Gean,
ſont des Geans : il preſume touſiours des entrepriſes dignes de

fa grandeur, & afpire inceffam-
ment aux emplois les plus eminens.

Le cœur d'Alexandre fut tres
grand , & fe peut à bon droit
nommer le Roy des cœurs: puif-
que ce monde entier tenoit à
l'aife dans vn coing d'iceluy, laif-
fant encor de la place pour en
contenir plufieurs autres.

Celuy de Cefar fut encor tres-
grand, lequel ne trouuoit point
de milieu entre le tout & le rien.

Le cœur eft l'eftomach de la
fortune qui digere d'vne egalle
valeur les deux extremités : vn
grand ventre n'eft point emba-
raffé d'vn grand morceau; il ne
fe detraque point par l'affectation, ny ne s'aigrit par l'ingrati-
tude: ce qui faoule vn nain, fait

languit de faim vn Gean.

Ce miracle de valeur, le Dauphin de France, nommé par apres Charles 7. ſçachant que les deux Roys, à ſçauoir, celuy de France ſon Pere, & celuy d'Angleterre ſon ennemy, auoient extorqué du Parlement, vn arreſt par lequel il eſtoit declaré incapable de ſucceder à la Couronne des Lis, reſpondit hardiment qu'il en appelloit : Ses amys luy demandans auec eſtonnement à qui, il repart, à la grandeur de mon cœur, & à la pointe de mon eſpée : le dire fut ſuiuy du fait.

Le diamant dont la durée conteſte auec l'eternité, ne brille pas auec plus d'auantage, au milieu des eſcarboucles deuorantes, que fait vn maieſtueux cœur au milieu des violences d'vn peril.

L'Achille de noſtre temps Charles Emanuel de Sauoye, enfonça auec quatre des ſiens, quatre cens cuiraſſiers ennemys, & contenta les admirations de tout le monde, diſant qu'il n'y a meilleure compagnie dans le plus grand danger, que celle d'vn grand cœur.

L'excez du cœur ſupplée le manquement de tout le reſte, eſtant celuy qui aborde touſiours le premier, la difficulté, & la ſurmonte.

On preſenta vn iour au grand Roy d'Arabie, vn trenchant de Damas : la rareté d'vn preſent ſi charmant pour vn guerrier, l'obligea ſur le champ à le monſtrer à tous ſes courtiſans, leſquels ra-

uis de l'excellence de l'ouurage,
s'efforcerent à l'enuie à qui luy
donneroit le plus de loüanges, &
se seroient auancés à le iuger,
pour vn foudre d'acier, s'il ne leur
eût semblé vn peu trop court : le
Roy commanda de faire venir
son fils, le fameux Iacob Almançor, affin d'en dire son aduis : il
vient, il le considere, & dit qu'il
valoit vne cité : façon de priser
digne d'vn Prince : le Roy le
presse & demande s'il n'y trouuoit aucun defaut, il respond que
tout y estoit parfaict, mais, Prince
repliqua le Roy, tous ces Caual-
liers l'ont condamné pour estre
court, alors Almançor mettant la
main au cimeterre, commença à
dire qu'il n'y auoit point d'arme
courte pour vn vaillât Cauallier :

parce que luy faifant vn pas en auant, fon efpée s'alonge fuffi-famment, & ce qui luy manque de l'acier, luy eft fourny par la generofité du cœur.

La magnanimité dans les iniures vient à propos fur ce fuiet, & doit feruir de Laurier à la generofité : c'eft l'augufte caractere des grands cœurs ; & Adrian fit paroiftre vn excellent moyen de triompher de fes ennemys, lors qu'il dit au plus cruel des fiens, es-tu efchappé?

Il n'eft point de loüange e-galle à cette repartie de Louys douziefme Roy de France : Le Roy ne vange point les torts qui ont efté faits au Duc d'Orleans, ce font là des miracles du coura-ge d'vn Heros.

PARTIE V.

Le Goust releué.

Oute haute capacité a
touſiours eſté malaiſée
à contenter ; le Gouſt
ſe cultiue auſſi bien que l'eſprit :
l'vn & l'autre releuez ſont fre-
res gemeaux, engendrez de la capacité & coheritiers de l'excellence.

Iamais eſprit ſublime ne nourrit vn Gouſt rauallé.

Il y a des perfections qui reſ-
ſemblent au Soleil, & d'autres à

la lumiere : l'aigle n'a point de honte de faire l'amour au Soleil, & le froid papillon se perd à la lueur d'vne chandelle : la hauteur d'vne capacité se mesure par l'eleuation du Goust.

C'est quelque chose de l'auoir bon, & beaucoup de l'auoir releué : les Gousts s'attachent par la communication, & c'est vn bonheur de se rencontrer auec celuy qui le possede sureminent.

Plusieurs estiment bonne fortune de iouyr de ce qu'ils desirét, condamnants pour malheureux tous les autres : mais ceuxlà retournent à deux de ieu, par la mesme raison, que l'on void la moitié du monde se rire de l'autre, auec plus ou moins de sottise.

Vn Goust critique & malaisé
à satisfaire, est quelque chose de
noble & de qualifié : les obiets les
plus accomplis le redoutent, &
les perfections les plus asseurées
tremblent deuant luy.

L'estime est beaucoup plus
pretieuse que le vulguaire ne pé-
se, & n'appartient qu'aux Sages
de la bien mesnager : toute chicheté en monnoye d'aplaudissement, est genereuse, & au contraire les prodigalités d'estime
meritent d'estre chastiées par le
mespris.

L'admiration est ordinairement l'etiquette de l'ignorance,
elle ne procede pas tant de l'ac-
complissement des obiets, comme de la foiblesse de nos conceptions : les perfections de premiere

miere grandeur sont vniques, il
faut donc estre extremement re-
tenu à priser.

Celuy qui a eu le Goust royal,
a esté le prudent des Philippes
d'Espagne, il estoit accoustumé
à des obiets miraculeux, & ne se
payoit iamais que de ce qui estoit
merueille en son espece.

Vn Marchand Portuguais luy
presenta vn iour vn diamant O-
riental, l'abbregé de la richesse,
& l'esclat de la splendeur : tout le
monde estoit en suspens atten-
dant des admirations de Philippe : mais ils n'apperceurent que
des dédains, non que ce grand
Monarque se pleust à la discour-
toisie, comme à la grauité, mais
parce qu'vn Goust fait aux miracles de la nature, & de l'art, ne

se pique pas si facilement ? que
peut donc valloir ce Diamant
pour vne noble fantaisie, dit Philippe. Sire, respond le Portuguais, les soixante & dix mil du-
cats que i'ay abbregés dans cette
rare production du Soleil, ne
doiuent point faire de mal au
cœur à personne : Philippe repart & luy demande à quoy il
pensoit, quand il le paya si cher :
ie pensois, reprit le Portuguais,
qu'il y auoit vn Philippe second
dans le monde : Le Prince se piqua plus de la pointe de l'esprit,
que de la valeur de ce pretieux
ioyau, & commanda des aussi
tost de luy payer le Diamant, &
recompenser la gentillesse de la
repartie, faisant paroistre l'auantage de son Goust, & dans le prix

& dans la recompenſe.

Quelques-vns eſtiment que celuy là eſt outrageux, qui n'excede point dans la loüange, & moy ie dirois que les excez de loüange, ſont des manquemens de capacité, & que celuy qui loüe demeſurément, ou ſe moque de ſoy, ou des autres.

Le Grec Ageſilas condamnoit pour mauuais maiſtre, celuy qui chauſſoit à vn Pigmée le ſoulier d'Encelade : auſſi eſt-ce vne addreſſe de prendre la meſure au iuſte, en matiere de loüanges.

L'Europe eſtoit remplie des proüeſſes de ce grãd Duc d'Albe, & l'eſtenduë de cet vniuers ne retentiſſoit que du bruit de ſes victoires, mais ſon Gouſt neantmoins n'eſtoit pas encor à demy

satisfait: dont la cause paroissant
fort estrange à plusieurs de ses
amys, il leur dit que cette grande multitude d'exploits de guerre dans lesquels la fortune l'auoit
fauorisé, pendant le cours de
quarante années victorieuses, ne
luy sembloit encor rien, puis qu'il
n'auoit iamais eu à combattre
vne de ses prodigieuses armées
Turquesques, dont la deffaite fust
le triomphe de la dexterité, non
pas de la force, & son excessiue
puissance humiliée, releuast d'autant plus l'experience & le merite d'vn chef: tant il faut de choses pour satisfaire entierement le
Goust d'vn Heros.

Cette partie pourtant n'enseigne pas à faire le critique: c'est vn
dereglement insupportable: mais

bien à estre censeur tres entier,
pour donner à chaque chose le
prix qu'elle merite : il y en a qui
rendent le iugement esclaue de
la volonté, peruertissant les offi-
ces du Soleil & des tenebres que
chaque chose soit estimée ce
qu'elle merite, à raison de ses
qualitez, sans se laisser suborner
par le Goust.

Il n'y a qu'vne grande con-
noissance fauorisée d'vne longue
pratique qui soit capable de donner le prix aux perfections : lorsque le sage ne peut pas nettemét
opiner qu'il ne se precipite point,
qu'il se retienne de peur qu'il ne
découure plustost ce qui luy
manque que ce que les autres
ont de trop.

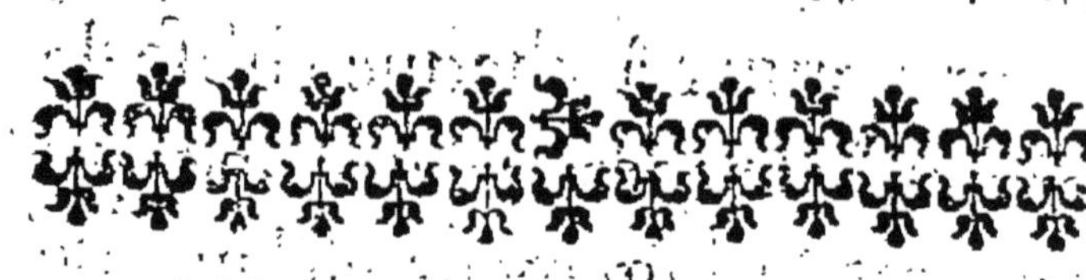

PARTIE VI.

L'eminence dans ce qui est de meilleur.

IL n'appartient qu'au premier Estre de ramasser en soy toutes sortes de perfections, aussi ne peut-il point souffrir de bornes, parce qu'il n'emprunte son essence d'aucun autre.

Les belles parties ou sont données du Ciel, ou sont acquises par l'industrie ; tant moins le Ciel nous a fauorisés des naturelles, tant plus nos soings & no-

ſtre diligence en doiuent acquerir, celles-là ſont filles de la faueur, celles-cy d'vne loüable in-
duſtrie, & ne ſont pas d'ordinaire les moins nobles.

Il faut peu de choſes pour vn
indiuidu, & il en faut beaucoup
pour vn vniuerſel, ces derniers
ſont ſi rares qu'on ne leur accor-
de communement aucun eſtre,
que celuy qu'ils dérobent à nos
conceptions.

Celuy-là n'eſt pas vnique, ny
ſeul qui vaut autant que pluſieurs : c'eſt vne grande excellence d'vn ſuiet particulier, de ra-
courcir en ſoy vne categorie toute entiere, & poſſeder en propre
de quoy la pouuoir egaller : tout
art ne merite pas d'eſtre eſtimé,
ny tout employ ne s'aquiert du

credit, on ne condamne pas de sçauoir tout, mais ce seroit manquer contre la reputation de pratiquer tout.

Estre eminent dans vne profession humble : c'est estre grand dans le peu ; & quelque chose dans le rien, demeurer dans vne mediocrité, est vniuersellement approuué de tout le monde, mais c'est risquer le credit de vouloir passer à l'eminence.

Les deux Philippes à sçauoir celuy d'Espagne, & celuy de Macedoine, ont esté forts differens d'humeur : l'vn qui fut le premier en tout, & le second de nom, trouua estrange qu'vn Prince s'occupast à chanter dedans son cabinet, & le Macedonien donna son approbation à Alexandre,

pour entrer en lice & combattre à la courſe : le premier trait ſe
rapporte à la ponctualité d'vn
prudent, & l'autre à la negligence de la grandeur ; ſur quoy Alexandre picqué de honte, repliqua qu'il eut voulu auoir des
Roys pour Antagoniſtes.

Ce qui tient plus du delectable,
tient pour l'ordinaire moins de
l'Heroïque.

Le grand homme ne doit
point s'arreſter à vne ny deux
perfections, mais pouſſer ſon
ambition iuſques à l'infiny, &
aſpirer à vne plauſible vniuerſa-
lité, la perfection des connoiſ-
ſances correſpondant à l'excellence des arts.

Vne legere connoiſſance ne
ſuffira non plus pour paroiſtre

conſommé: c'eſt pluſtoſt la marque d'vn vain caquet, que d'vne
profonde ſcience.

Eſtre eminent en tout, n'eſt
pas la moindre des choſes im-
poſſibles ; non par foibleſſe de
noſtre ambition: mais par celle
de noſtre trauail , & meſme de
noſtre vie: l'exercice eſt le moyen
pour arriuer à la conſommation
de l'art que l'on profeſſe; mais le
temps eſt trop court pour le
meilleur employ, & on ſe deſ-
gouſte encor pluſtoſt dans les
longueurs d'vne ſi ennuyeuſe
pratique.

Pluſieurs mediocrités ne ſont
pas ſuffiſantes pour compoſer
vne grandeur : vne ſeule eminence en a de reſte pour aſſeurer l'aduantage par deſſus tous les autres.

Iamais Heros n'a paru sans
posseder vne Eminence en quelque chose, parce que c'est le caractere de la grandeur, & d'autant plus son employ est qualifié, d'autant plus de gloire &
d'aplaudissement il emporte : l'e-
minence dans vne partie aduan-
tageuse, est vn rayon de souueraineté, puis qu'elle vient à pretendre quelque sorte de veneration.

Et si pour gouuerner auec e-
minence vn globe de vent, on
triomphe de l'admiration, que
sera-ce de manier eminemment
vn acier, vne plume, vne verge,
vn baston, vn sceptre, vne Tia-
re?

Ce Mars Castillan pour lequel
on a dit Castille des Capitaines,

ſi Arragon des Roys, Dom Die-
go Perez de Bargas plus chargé
de la peſanteur de ſes lauriers,
que de celle de ſes iours, aban-
donna la Cour pour aller à Xe-
rez ville de la frontiere : il fiſt ſa
retraitte, mais non pas celle de ſa
renommée qui s'eſtendoit tous
les iours de plus en plus ſur le
theatre de l'Vniuers, & paruint
auec tant d'eſclat aux oreilles
d'Alphonſe veritablement ieune
Prince ; mais neantmoins Iuge
tres-competent d'vne eminence,
qu'elle l'obligea à ſe deſguiſer
auec quatre des ſiens pour l'aller
viſiter.

O que l'Eminence eſt bien
l'ayman des volontez & le charme des affections!

Alphonſe eſtant arriué à ſa

maison, ne l'y trouua point; parceque Bargas qui eſtoit accouſtumé à battre aux champs, prenoit plaiſir à tromper ſa belli-
queuſe inclination dans la cam-
pagne. Mais ce Roy qui ne s'e-
ſtoit point laſſé d'aller de la Cour
à Xeres, ne dédaigna non plus
de s'auancer iuſques à la metairie;
ce fut là où ils l'aperceurent de
loin, la ſerpe à la main, trenchant
la teſte des vignes, auec plus de
peine qu'il n'auoit fait iadis celles
des hommes : le Roy mettant
pied à terre, commanda auſſi à
ſes Caualiers de ſe mettre en em-
buſcade, & ſuiuant Bargas à la
piſte, commença luy-meſme par
vne maieſtueuſe galanterie, à ra-
maſſer les ſarmens que ce genereux Vigneron alloit abbatant.

Bargas tournant la teste au bruit
que fit le Roy, ou pluſtoſt pouſ-
ſé d'vne fidelle inſpiration de
ſon cœur, reconnut ſa Maieſté,
aux pieds de laquelle ſe proſter-
nant, il luy dit; Sire que faites-
vous icy ? pourſuis Bargas, repli-
que Alphonſe, a tel vigneron,
tel ramaſſeur de ſarmens.

O l'excellent triomphe d'vne
eminence! que l'honneſte homme s'efforce donc d'y arriuer
auec aſſeurance, que ce qu'il luy
couſtera de peine, luy ſera payé
en monnoye d'honneur & de
reputation.

Et ce ne fut pas hors de deſ-
ſein que la Gentilité conſacra le
beuf à Hercule : c'eſtoit pour
nous donner à entendre que le
loüable trauail eſt vne ſemence

qui produit les exploits glo-
rieux, & promet vne cueillette de
renommée, d'aplaudiſſement &
d'immortalité.

PARTIE VII.

L'excellence de la Primauté.

Ly en a qui auroient
eſté des Phenix, dans
les emplois, s'ils n'a-
uoient point eſté pre-
cedés par les autres ; l'auantage
d'eſtre le premier eſt grand, & ſi
c'eſt auec Eminence, le merite en

eſt double : celuy qui gaigne de primauté, gaigne en egalité.

Ceux qui viennent les derniers, ne paſſent que pour imitateurs des deuáciers, & quelques efforts qu'ils faſſent, ils ne peuuent iamais arracher cette opinion de l'eſprit des humains.

Les premiers s'eſleuent auec le droit d'aiſneſſe de la renommée, & les ſeconds demeurent auec le partage d'vne maigre legitime.

La curieuſe gentilité ne s'eſt pas contentée de rendre des honneurs aux Inuenteurs des Arts, elle a paſſé iuſques à les venerer, & a changé l'eſtime en culte, erreur aſſez ordinaire; auſſi n'y a t'il rien qui puiſſe dignement exprimer les merites d'vne primauté.

Ceux

Ceux là se trompent, qui pensent que le lustre de cet auantage ne consiste qu'à estre le premier dans le temps; c'est l'Eminence qui le donne.

La pluralité se descredite soy-mesme, voire dans les choses les plus pretieuses; & au contraire la rareté encherit vne mediocre perfection.

C'est donc vne dexterité non commune, d'inuenter vn nouueau sentier, pour paruenir à l'excellence, descouurir vne trace inconnuë pour se rendre celebre: les chemins qui y conduisent sont diuers, mais ils ne sont pas tous frayez : les plus nouueaux, comme plus mal-aisez, ont accoustumé de seruir d'obstacle à la grandeur.

Salomon s'apliqua sagement au gouuernement de la paix, en cedant à son pere, les aduantages de celuy de la guerre, il changea de train, & paruint auec moins de difficulté, au predicament des Heros.

Tibere s'efforça d'emporter par la Politique, ce qu'Auguste auoit acquis par la Magnani-mité.

Et nostre grand Philippe gouuerna du throsne de sa prudence, l'estenduë de cet Vniuers, auec l'admiration de tous les Siecles; & si Charles V. son inuincible Pere, fut vn prodige de courage, Philippe l'a esté de la Prudence.

Les Soleils de l'Eglise se sont rendus recommandables, en se seruant de cet auis, les vns par

vne eminente sainĉteté, & les autres par vne rare doĉtrine; celuy-
cy par sa magnificence dans les
bastimens, & celuy-là pour auoir
fait paroistre la force de son Esprit, à maintenir sa dignité.

Auec cette nouueauté de desseins, les plus auisez se sont tous-
jours fait place parmy les grands
Personnages.

L'Esprit sçait bien se desgager
du train commun, sans s'esloi-
gner de l'Art, & trouuer dans sa
chenuë profession vn nouueau
passage à l'excellence: Horace ce-
da l'Heroïque à Virgile, &
& Marcial le Lyrique à Horace:
Terence s'adonna à la Comedie,
& Perse à la Satyre, aspirans tous
à la gloire d'estre les premiers en
leur mode; car le genereux capri-

ce ne s'est iamais captiué à la facile imitation.

Vn galant Peintre voyant que
le Tician Raphaël, & plusieurs
autres auoient emporté l'honneur de la primauté, & que leur
renommée prenoit tous les iours
auantage de leur mort, se seruit de
son inuincible inuention, & se
mit à peindre d'vne façon grossiere: quelqu'vn luy demandant,
pourquoy il ne peignoit pas dans
la douceur & dans la gentillesse,
afin de pouuoir imiter le Tician;
il respondit d'vne bonne grace,
qu'il aymoit mieux estre le premier en cette mode grossiere, que
le second dans vne autre plus delicate.

Cet exemple doit s'estendre à
tous les autres employs, & tout

habile homme doit bien comprendre cette adreſſe ; car il ſuffit
dans l'eminente nouueauté, de
trouuer vn train extraordinaire,
pour arriuer à la grandeur.

PARTIE VIII.

Que l'Heros doit faire choix des
employs plauſibles.

Eux Cités ont donné
la naiſſance à deux He-
ros, celle de Thebes à
Hercule, & celle de
Rome à Caton : Hercule a eſté le
ſuiet des applaudiſſemens de l'V-

niuers, & Caton celuy des auer-
sions de Rome : toutes les na-
tions ont admiré celuy-là , & les
Romains ont fuy la rencontre
de celuy-cy.

L'aduantage que Caton a emporté sur Hercule, demeure sans
controuerse, puis qu'il l'a surpassé
en prudence : mais aussi Hercule
a surmonté Caton en renommée.

L'employ de Caton a esté plus
difficile, & plus delicat : puis qu'il
s'adonna à domter les monstres
des passions, & Hercule ceux de
la nature, neantmoins celuy du
Thebain a esté beaucoup plus
fameux.

La difference consiste en ce
que les entreprises d'Hercule fu-
rent plausibles, & celles de Ca-

ton odieuſes ; l'apparence pom-
peuſe de l'employ, porta la gloire d'Hercule, iuſques aux confins
de l'Vniuers, & euſt paſſé plus
auant, s'ils euſſent eſté plus ſpa-
tieux : la rigueur de Caton, ren-
ferma ſon renom dans les murailles de Rome.

Quelques eſprits neantmoins
aſſez iudicieux preferent le difficile employ, à celuy qui eſt plauſible, & ſe rédent pluſtoſt à l'approbation de peu de perſonnes
choiſies, qu'aux applaudiſſemens
de tout vn vulgaire.

Les emplois plauſibles ſont
appellez les miracles des igno-
rans.

Ceux qui ſont capables de
connoiſtre l'excellence d'vn haut
employ, ſont en petit nombre:

mais ce font des perſonnes eminentes, d'où vient que l'approbation en eſt rare, au contraire de
celuy qui eſt facile & plauſible,
la connoiſſance en eſt permiſe à
tout le monde, & ainſi l'applaudiſſement eſt d'ordinaire plus
vniuerſel.

L'approbation de peu d'hon-
neſtes gens eſt preferable aux
ſuffrages d'vne populaſſe nom-
breuſe.

Au reſte c'eſt adreſſe de cher-
cher la rencontre de ces emplois
plauſibles; c'eſt vn poinct de ſa-
geſſe de ſuborner l'attention des
hommes par l'eſclat d'vne belle
entrepriſe : l'eminence en eſt vni-
uerſellement connuë, & la reputation s'eſtablit au gré de tout le
monde.

Il faut ordinairement fuiure la pluralité des voix ; l'excellence eſt palpable dans ſemblables emplois, & quoy que les autres cóme plus delicats tiennent beaucoup du ſurnaturel, & ſemblent emporter le deſſus par vne euidence flateuſe, i'en laiſſe la deciſion au ſentiment d'vn chacun.

I'appelle employ plauſible celuy qui s'execute à la veuë de tout le monde, & auec la ſatisfaction d'vn chacun, touſiours auec fondement de la reputation, pour exclurre ces emplois, dautant plus dépourueus de credit qu'ils ſont accompagnés de trop d'oſtentation : vn farceur eſt riche d'applaudiſſement, & perit faute de credit.

Qui ſont les Princes qui occu-

pent les annales de la renommée,
sinon les guerriers, le renom de
grand leur est proprement deu,
ils rempliffent l'Vniuers d'applau-
diffemens, & les liures de proüef-
fes, parceque les actions de la
guerre poffedent ie ne fçay quoy
de plus efclattant, & de plus
plaufible que celles de la paix.

Entre les iuges, on a mis les
plus rigides Iufticiers au rang
des immortels, parceque la Iuftice fans cruauté, a toufiours
efté plus agreable au populaire,
que la trop grande compaf-
fion.

Dans les emplois de l'efprit,
les inuentions plaufibles ont
toufiours triomphé : la douceur
d'vn difcours remply de poli-
teffe charme nos ames & flatte

nos oreilles , & au contraire la
fecherefse d'vne conception Me-
taphyfique, les tient à la gehenne
& les ennuye.

PARTIE IX.

De l'Empire fur foy-mefme.

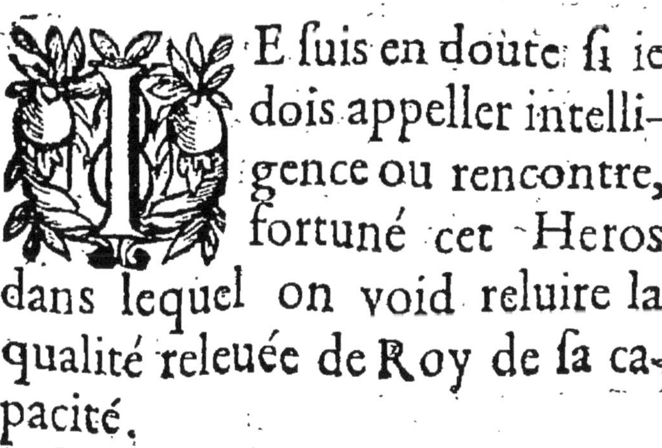E fuis en doute fi ie
dois appeller intelli-
gence ou rencontre,
fortuné cet Heros
dans lequel on void reluire la
qualité releuée de Roy de fa capacité.

Le cœur regne dans les vns, la teste dans les autres ; & ce seroit vn haut poinct de sotise, si celuy-là entreprenoit d'estudier auec la valeur, & celuy-cy de combatre auec la pointe de l'esprit.

Que le Paon se contente de sa roüe, que l'Aigle se prise de son vol, & ce seroit vne extrauagance monstrueuse à l'Austruche, si elle aspiroit à se guinder en l'air, le precipice luy seroit ineuitable : qu'elle se console donc auec la beauté de ses plumes.

Il n'est point d'homme qui ne puisse arriuer à l'eminence dans quelque employ : nous voyons neantmoins qu'il y en a si peu, que pour ce suiet on les appelle rares : la rareté les rend recommandables autant que l'excellen-

ce mesme, & ils participent à la
gloire du Phenix duquel on est
tousiours en doute.

Nous ne voyons personne qui
se iuge inhabile pour le plus haut
employ, mais neantmoins le
temps, quoy que sur le tard
vient à nous desabuser des flate-
ries de la passion.

Celuy-là est pardonnable, qui
n'est pas eminent dans la mediocrité, lors qu'il est mediocre dans
l'eminence, mais il n'est point
excusable pour estre mediocre
dans les choses basses, quand il
peut estre le premier dans les su-
blimes.

Le Poëte Ancien nous ensei-
gna la verité, lors qu'il dit qu'il
ne faut rien entreprendre contre

le gré de Minerue : mais il n'est
chose plus difficile que d'oster à
l'esprit la creance de sa capacité.

S'il y auoit des miroirs de l'entendement comme il s'en trouue
du visage, la descouuerte de nos
manquemens, nous seroit beaucoup plus facile; le premier neantmoins doit estre le miroir de
soy mesme, mais il se falsifie ai-
sement; tout iuge de soy-mesme,
trouue bien tost vne glose d'es-
chapatoire, & des artifices pour
déguiser sa passion.

La variété des inclinations est
grande, c'est vn prodige delectable de la nature, elle egalle
celle des visages, des voix & des
temperamens, autant de Gousts

autant d'emplois, les plus vils &
mefmes les plus infames ont leurs
paffions, & l'inclination trouue
facile, ce que la preuoyance du
Prince le plus politique ne pour-
roit obtenir.

S'il falloit que le Monarque
fut obligé à diftribuer dans fon
Empire, les emplois mecani-
ques, & qu'il dit à l'vn, tu feras
laboureur, & à l'autre, tu feras
matelot, il n'en viendroit iamais à bout: perfonne ne feroit
content, non pas mefme du plus
honnefte employ; & auiour-
d'huy fa propre election s'aueugle foy-mefme dans le choix du
plus commun & du plus rauallé,
tant eft grand le pouuoir de l'inclination, & fi les forces fe ioi-

gnent auec elle, il n'est rien qu'elles ne surmontent, mais d'ordinaire elles ne sont pas de bon ac-
cord.

Que l'homme prudent tasche
donc de caresser l'inclination, affin de l'obliger doucement, &
sans violence à se mesurer auec
les forces, & si tost qu'il aura reconnu le talent le plus releué de
son ame, qu'il l'employe heureusement.

Ce Marquis dont les faits ont
passé à sa posterité pour des prodiges, Dom Fernando Cortes, ne
fust iamais paruenu à estre l'Alexandre de l'Espagne, & le Cesar
des Indes, s'il n'eust meslangé les
emplois: les lettres ne luy pou-
uoient donner qu'vn rang fort
medio-

mediocre, mais les armes le rele-
uerent à la pointe de l'eminence,
puis qu'il a marché de pair auec
Alexandre , & Cesar, en parta-
geant auec eux la conqueste de
l'Vniuers.

✺✺✺✺✺✺✺✺✺✺✺✺✺✺✺✺✺

PARTIE X.

Que l'Heros doit sonder sa fortune,
deuant que de s'engager dans
l'employ.

A Fortune autant re-
nommée que peu con-
nuë, n'est autre chose,
parlant auec raison & en Catholique, que cette grande mere d'e-

E

uenemens, & grande fille de la
prouidence diuine, assistante tou-
jours à ses causes, tantost auec
volonté, tantost auec permis-
sion.

C'est cette Reyne tant souue-
raine, impenetrable, inexorable,
d'vn visage riant pour les vns, &
seuere pour les autres ; tantost
mere, tantost marastre, non par
passion, mais par les secrets d'vn
Iugement inaccessible.

C'est vne regle des grands maistres dans la science Politique, de
bien remarquer la demarche de
sa fortune, & de celle de
ses Partisans : Celuy qui l'a es-
prouuée mere, doit profiter de
ses caresses, qu'il se iette hardiment dans les grands emplois;
car comme amante, elle se laisse

flatter par la Confiance.

Cefar auoit reconnu parfaicte-
ment la fienne, lors que releuant
le courage de ce pauure Matélot,
il difoit: Ne crains pas, car tu fais
tort à la fortune de Cefar: il ne
trouua point d'Anchre plus feure
que fon bon-heur, & n'appre-
henda point les vents contraires,
luy qui trainoit en pouppe les
douces haleinées de fa fortune.

Qu'importe que l'air fe trou-
ble, fi le Ciel eft ferein, que la mer
gronde, fi les Eftoilles rient?

Tel engagement dans vn employ a femblé à plufieurs temerité,
qui n'eftoit neantmoins qu'ad-
dreffe, eu efgard à la faueur de la
fortune : d'autres aucontraire
ont perdu de belles occafions de
fe faire renommer, pour n'auoir

pas bien compris leur bon-heur;
il n'y a pas mesme iusques à l'a-
ueugle ioüeur, qui ne consulte le
sort deuant que de renuier.

C'est vn grand talent que d'e-
stre fortuné, & dans l'opinion de
plusieurs, il emporte le dessus:
quelques vns font plus d'estat
d'vne once de bonne fortune,
que des quintaux de sagesse &
des milliers de valeur ; les autres
aucontraire qui fondent le credit dans le mal-heur comme dans
la melancholie, disent que le
bon-heur est l'apanage des sots
& le merite des disgraciez.

Le Pere adroit raiuste auec
l'or, la laideur de sa fille ;   & le
bon-heur embellit presque vniuersellement la difformité de
l'esprit.

Galien a souhaité son Medecin fortuné; Vegece, son Capitaine, & Aristote son Monarque:
Il est certain que la valeur & la
fortune, les deux piuots de la
grandeur, ont tousiours esté les
parrains des Heros.

Mais que celuy qui en a res-
senty ordinairement les aigreurs
de marastre, cale voile dans les
employs; qu'il ne s'opiniastre
point; car elle a coustume d'a-
uoir des bras de plomb dans la
disgrace.

Que l'on me pardonne, si ie
desrobe sur ce suiet la pensée du
Poëte des sentences, m'obligeât
de la restituer dans le Conseil,
aux amateurs de la Prudence: Ne
sois point si temeraire que de dire, ou entreprendre de faire au-

E iij

cuue chofe, ayant la fortune contraire.

C'eſt vne partie des plus con-
ſiderables de cette Politique, de
ſçauoir diſcerner les heureux d'a-
uec les mal-heureux, afin de choquer ou ceder dedans la competence.

Soliman eut bien l'adreſſe de
ſçauoir preuenir la grande felicité de noſtre Mars Catholique,
Charles V. afin que la valeur de-
meuraſt enfermée dans ſa ſphere;
il la redouta plus toute ſeule
que tous les regimens de l'Occident vnis enſemble : que les autres prennent là deſſus leurs me-
ſures.

Il cala voile pour vn temps,
& bien luy en prit, non pour la
reputation, puis qu'il en quittoit

sa part, mais pour la conserua-
tion de sa Couronne.

Il n'en fut pas ainsi du genereux François premier, lequel
quoy qu'auantagé d'vne belle
varieté de sciences, ne s'appliqua
pourtant point à la connoissan-
ce de sa fortune, ny de celle de
son ennemy : aussi paya-il par sa
prison le mespris de cette Politique.

La fortune fauorable ou contraire s'attache ordinairement à
ceux qui nous seruent d'appuy ;
que l'homme discret preñne
donc garde à se bien appuyer, &
qu'il sçache retenir ou escarter
tousiours auec guain dans ce ieu
de triomphe.

PARTIE XI.

Que l'Heros scache se retenir, gai-
gnant auec la bonne
Fortune.

Outes les choses suiet-
tes au changement ont
vne augmentation de
mesme qu'vn declin : d'autres
adioustent vn estat où il n'y a
point de stabilité.

C'est affaire à vne grande preuoyance, de sçauoir preuenir l'in-
faillible declin d'vne roüe in-
quiete ; c'est la subtilité d'vn

ioüeur rusé de faire retraitte sur
le guain , lorsque la prosperité
n'est qu'vn ieu, & le malheur si
veritable.

Il vaut mieux demeurer auec
honneur, & se retirer auec aduantage que d'attendre la reuo-
lution de la fortune, qui a coustume de nous monstrer deux visages en vn moment.

Quelques esprits choisis disent
qu'il luy manque de la constan-
ce, ce qu'elle a trop de la femme,
& le Marquis de Marignan, ad-
iousta pour consoler l'Empereur,
sur la retraite de Mets, qu'elle a
non seulement l'inconstance d'v-
ne femme : mais encor la legere-
té d'vne ieunesse, en ce qu'elle fait
paroistre son meilleur visage aux
ieunes gens.

Et pour moy i'asseure que ce
ne sont pas des legers change-
mens de femme, mais des varie-
tez alternatiues d'vne prouidence tres iuste.

Que le Sage monstre donc en
cela ce qu'il est ; qu'il se iette dans
l'Asile d'vne retraitte honorable,
parce qu'vne belle retraitte est
aussi glorieuse qu'vn genereux
combat.

Mais il y a des hydropiques du
sort toushours bruslans de la soif
de l'honneur, lesquels n'ont pas
la force de se surmonter eux-
mesmes, si la fortune les va flat-
tant dedans leurs passions.

Prenons pour auguste exem-
plaire de cette belle Partie, ce
grand fils aisné de la fortune, &
du sort le plus grand de touts les

Charles , & mesme de tous les
Heros: ce tres glorieux Empereur couronna par vne prudente
fin tous ses fameux exploits; il
triompha de l'Vniuers auec la
fortune, & triompha par sa fin
de la fortune mesme : il sceut se
retenir & commander à son ambition , ce qui fut mettre vn
sceau à toutes ses prouësses.

D'autres aucontraire ont mis
en compromis la meilleure partie de leur reputation, par le dé-
reglement de leurs desirs : les
grands commencemens de leur
felicité , ont abouty à vne fin
monstrueuse, ayants peu neantmoins mettre à couuert leur
honneur, s'ils se fussent seruis à
propos de cette addresse.

Vn anneau ietté dans la mer

& recouuré dans le ventre d'vn
poisson pouuoit donner à Poli-
crate des asseurances que la fortune seroit inseparable de sa personne ; & neantmoins peu de
temps apres, la montaigne de
Micale fut le tragique theatre de
leur diuorce.

Belisaire deuint aueugle, affin
que les autres ouurissent les yeux
& la Lune d'Espagne s'eclipsa
pour donner lumiere à plusieurs.

Il n'est point d'Art qui nous
enseigne la maniere de tâter le
poulx à la felicité, à cause de l'i-
negalité de son humeur ; nous
sommes pourtant preuenus par
quelques marques de declin.

La prosperité soudaine & les
coups de bon-heur venans à la

foulle les vns apres les autres, ont
touſiours eſté ſuiets à caution,
parceque la fortune a couſtume
de nous rendre la iouyſſance de
ſes faueurs d'autant plus courte,
qu'elle s'eſt monſtrée prodigue à
nous en gratifier.

Vn bon-heur enuieilly eſt
proche de ſa fin, & l'extreme
mal-heur voiſin de ſon remede.

Le More Abul frere du Roy de
Grenade, eſtoit depuis long téps
arreſté priſonnier dedás Salobre-
gna, & réſſentoit auec tant d'ou-
trages la continuation de ſes diſ-
graces, qu'il reſolut vn iour de
les conuaincre d'inconſtance :
Pour cet effet il commença à
ioüer aux eſchecs, veritable re-
preſentation du ieu de la Fortune : à peine ſe fut-il embarqué,

que l'on vid arriuer le Courrier
de sa mort ; car cette impitoya-
ble nous suit tousiours en poste;
Abul se voyant surpris, demande
deux heures de delay ; ce barbare
Commissaire s'imagine que c'est
trop, & luy permet seulement
de mettre fin au ieu qu'il auoit
commencé. Abul continue, mais
auec tant de bon-heur, qu'il gaigne sur le champ & la vie & la
couronne ; parce deuant qu'il eut
acheué, arriua vn autre Courrier
qui luy presenta toutes les deux,
de la part de la ville de Grenade,
par le deceds du Roy son frere.

Il en est autant qui ont monté
du supplice à la Couronne, comme de ceux qui ont descendu de
la Couronne au supplice : Nous

mangeons plus agreablement les bons morceaux de la Fortune, lors qu'ils ſont aſſaiſonnez de l'aigre-doux d'vn peril.

La Fortune imite les Corſaires qui attendent que les vaiſſeaux ayent chargé ; la contre-ruſe eſt d'anticiper & prendre port.

PARTIE XII.

L'Amour des peuples.

’Eſt peu de choſe de conqueſter l'entende-ment, ſi on ne gaigne auſſi la volonté, & c'eſt beau-coup de s'acquerir l'admiration conioinĉtement auec les affeĉtions.

Pluſieurs maintiénnent leur credit, par des entrepriſes eſclat-

tantes,

rantes, mais non pas la bien-
ueillance.

Il faut estre né sous vne fauorable Constellation, pour estre
vniuersellement doüé de toutes
ces graces ; mais pourtant la
meilleure partie prouient de nostre industrie : d'autres raisonne-
ront au contraire ; lors que les
applaudissemens correspondent
auec disproportion à vne egalité
de merites.

Ce que l'vn fait par vn ascen-
dant de nature, l'autre le fait par
vne secrete entreprise, mais i'ac-
corderay tousiours le plus aduan-
tageux party à l'artifice.

L'eminence des belles-quali-
tez ne suffit pas pour s'aquerir
l'amour des peuples, quoy qu'elle se doit presupposer : il est faci-

F

le de gaigner la volonté, l'entendement estant suborné , parceque l'estime attire les affections.

Ce Duc de Guise autant fameux par ses malheurs que par les riches talens dont la nature l'auoit orné, executa heureusement les moyens pour s'aquerir, cette commune bien-veillance. Il deuint grand par les faueurs d'vn Roy, & encor plus grand par les ialousies d'vn autre; ce fut Henry troisiesme , nom fatal pour les Princes dans toutes les Monarchies : car les noms mesmes dans de si hauts suiets, découurent des oracles.

Ce Roy donc voulut sçauoir vn iour des Seigneurs de sa Cour de quels charmes Guise s'estoit seruy pour enchanter ses peuples, & par quels artifices il estoit par-

uenu à cette bien-veillance populaire : vn rare courtifan & l'v-
nique de ce temps-là refpondit,
Sire en faifant bien de toutes
mains, & s'efforcant que tout le
monde participe aux influences
de fa bonne volonté, quand le
pouuoirluy manque, il contente
de paroles ; fi on le prie aux nop-
ces, il s'y trouue; fi on le fouhait-
te pour parrain, il y cófent, s'il fe
prefente vn enterrement,il y affi-
fte : il eft courtois,humain, libe-
ral,il careffe tout le monde, & ne
mefdit de perfonne:en vn mot il
eft Roy en apparence , comme
voftre maiefté l'eft en effet.

Heureufe grace s'il l'euft alliée
auec celle de fon Prince ! car elle
eft entierement depourueuë de fa
beauté,fi elle en eft feparée, quoy

que dife Baiazet que les applau-
diffemens donnez au miniftre,
caufent de la ialoufie au Souue-
rain.

Et à dire le vray, celle de Dieu,
du Roy & des peuples font trois
graces beaucoup plus belles que
celles qui ont efté feintes par les
Anciens: elles fe donnent la main
l'vne à l'autre s'enlaffant toutes
trois d'vn neud tres ferré, & fi
quelqu'vne doit manquer, que
ce foit par ordre.

Le plus puiffant charme pour
eftre aymé, eft aymer: le vulguaire
s'emporte aueuglement dans fes
affections, de mefme qu'il eft fu-
rieux dans fa vengeance.

Le premier mobile qui le pouf-
fe apres l'opinion, eft la courtoi-
fie & la generofité, par le moyen

desquelles Titus fut appellé les delices du genre humain.

La parole fauorable d'vn superieur n'est pas moins à estimer que l'action obligeante d'vn egal, & la simple courtoisie d'vn Prince, surpasse le riche present d'vn bourgeois.

Ce magnanime Roy de Naples Dom Alonse conquit les imprenables murailles de Gaiette, en descendant seulement de cheual pour secourir vn paysan: il entra premierement dans les cœurs par les demonstrations de son humanité, & dés aussi-tost dans la ville, en triomphe.

Quelques esprits vn peu trop critiques ne trouuent rien de plus eminent dans les merites du grand Capitaine, ce Gean parmy

les Heros, que cette bien-veillance des peuples.

Et moy ie dirois qu'entre toutes les parties qui sont dignes de
recommandation, celle-là a esté
la plus heureuse.

Il y a vne autre bien-veillance
qui est celle des Historiens, qui
ne doit pas estre moins ambitionnée que l'immortalité, parce
que leurs plumes sont les aisles
de la renommée, & representent
les heureux succés non seulement de la nature ; mais encor
ceux de l'ame : Cet illustre Coruin
la Gloire de Hongrie auoit accoustumé de dire & de pratiquer
encor mieux, que la grandeur
d'vn Heros consistoit en ces
deux choses, à sçauoir de mettre
la main aux œuures glorieuses, &

à la plume, parce que les caracte-
res d'or paſſent iuſques à l'E-
ternité.

PARTIE XIII.

De l'entregent.

'Entregent l'ame de toute belle qualité, la vie de toute perfe-ction, la gentilleſſe des actions, la grace des paroles & le charme de tout eſprit bien-fait, flatte doucement l'intelligence & ſe rend preſque inexplicable.

F iiij

C'eſt vn rehauſſement de l'excellence meſme, & c'eſt vne beauté formelle ; les autres parties ſer-
uent d'ornement à la nature, mais
l'entregent releue les parties meſmes, de ſorte qu'il perfectionne
la perfection meſme auec vn eſclat tranſcendant, & vne grace
vniuerſelle.

Il conſiſte dans vn certain air
& dans vn agreement indicible,
autant dans les parolles comme
dans les actions, & paſſe meſme
iuſques au raiſonnement.

Il tire la pluſpart de ſes auan-
tages de la nature, quoy qu'il
ſoit redeuable à l'eſtude & à la
reflexion ; il ne s'eſt point encor
aſſuietty à aucun precepte ſupe-
rieur, quoy qu'il ſe gouuerne par
les regles de l'art.

S'il emporte les volontez, c'eſt
vn attrait; s'il eſt imperceptible,
c'eſt vn air ; ſi le courage le pouſſe
c'eſt vn ardeur; s'il eſclatte en
gentilleſſe , c'eſt galanterie; s'il
agit auec facilité c'eſt addreſſe: car
le deſir & la difficulté de le bien
declarer, luy ont inuenté cette varieté de noms.

On luy fait tort de le confon-
dre auec la facilité, il la laiſſe fort
en arriere , & s'auance iuſques
dans l'eſclat, & quoy que tout
entregent preſuppoſe quelque
dégagement, il adiouſte pourtant quelque perfection.

Si les actions ont de l'eſclat,
elles en ont l'obligation à l'entregent : car c'eſt luy qui les met
en leur iour, & les rend agreables à tout le monde.

Sans luy, là meilleure execution est morte, la plus grande
perfection est dégoustante, & il
ne tient pas si fort de l'accessoi-
re, qu'il ne tienne lieu de princi-
pal: il sert non seulement à l'ornement, mais il appuye encor les
affaires les plus importantes.

Parce que s'il est l'ame de la
beauté, il est l'esprit de la prudence; s'il est le souffle de la gentillesse, il est la vie de la vaillance.

Il sied egalement bien dans
vn chef à costé de la valeur, & s'en
va du pair auec la prudence dans
la personne d'vn Roy.

On ne reconnoist pas moins
l'asseurance d'vn entregent, le
iour d'vne bataille que la dexterité & la valeur: l'entregent rend
premierement vn general mai-

ſtre de ſoy-meſme, & en ſuitte de
tout le reſte.

La galante aſſeurance de ce
grand vainqueur de Roys, Dom
Fernando de Aualos, n'a point de
pareille dans l'Vniuers : que la renommée faſſe retentir ſon nom
ſur le theatre de Pauie.

L'entregent fait paroiſtre autant d'ardeur à cheual, comme de
maieſté ſoubs le daix : c'eſt luy
qui donne de la grace dans les
harangues, & anime les belles
penſées des orateurs.

Cette adreſſe nompareille de
ce Theſée François Henry qua-
trieſme, fut veritablement Heroïque, puis qu'auec le filet d'or
de l'entregent, il ſceut bien ſe
démeſler d'vn labyrinthe ſi em-
broüillé.

L'entregent regarde aussi la Politique, & sur le temoignage de ce Monarque spirituel de l'Vniuers, ie viens à dire, y a-t'il vn autre monde à gouuerner?

PARTIE XIV.

De l'Empire naturel.

ETTE partie s'engage dans vne qualité si subtile & si esloignée des pensées du vulguaire, qu'elle seroit en danger d'estre rebutée, si la curiosité & l'attention ne luy feruoient de garants.

Il y a des perſonnes dans leſquelles on void briller vn certain empire naturel, vne ſecrette force dominante qui ſe fait obeyr ſans le ſecours des preceptes exterieurs ny de l'artifice de l'eloquence.

Ceſar eſtant fait captif par les Pirates inſulaires, ſe rendit tout auſſi toſt leur maiſtre: le vaincu commandoit & les vainqueurs obeyſſoient; il eſtoit captif par ceremonie & effectiuement ſouuerain.

Vn de ces hommes là fait plus d'execution auec vn ſeul ſemblant, que les autres auec tous leurs efforts: leurs raiſons poſſedent vne vigueur occulte qui obrient plus par ſympathie que par ſa force de la perſuaſion.

Le plus orgueilleux entendement se soufmet à leur empire,
sans sçauoir de quelle sorte; & le
iugement le plus libre leur rend
des hommages sans aucune con-
trainte.

Ces personnes ont vn grand
aduantage pour estre parmy les
hommes, ce que sont les Lyons
parmy les animaux, parce qu'ils
ont part à la qualité principalle,
qui est la domination.

Tous les animaux reconnois-
sent le Lyon par vn instinct de
la nature, & luy portent du respect, sans auoir au prealable exa-
miné sa valeur.

Il en est ainsi du reste des hommes : ils respectent par auance
ces Heros comme Roys de la
nature, & n'attendent pas à con-

noiſtre leur merite ny leur capacité.

L'excellence de ce talent, eſt
digne d'vne couronne, & ſi elle
eſt iointe auec vne Eminence
d'entendement, & vne grandeur
de courage, il ne manque plus
rien pour former vn premier
mobil Politique.

Cette qualité dominante s'eſt
veuë logée dans vn throſne en la
perſonne de Dom Hernando
Aluarez de Tolede, plus Seigneur par les dons de nature, que
par les aduantages d'vne faueur
humaine; il fut grand & eſtoit
né encor pour eſtre plus grand,
n'ayant iamais pû non pas meſme en ſon parler, retenir cette im-
perieuſe inclination.

Elle eſt fort differente d'vne

grauité empruntée & d'vn ton
de voix affecté qui est la chose la
plus odieuse qui soit au monde,
& quoy qu'elle semble plus su-
portable lorsqu'elle est naturelle,
elle approche pourtant de l'im-
portunité.

Au reste la deffiance qu'elle a
de soy-mesme & de son propre
merite, luy forme des oppositiós
à ses desseins, & s'il arriue qu'elle
perde tout à fait la confiance, elle
s'abandonne aux mespris de tout
le monde.

C'a esté vn aduis digne du
grand Caton, & vne pensée sor-
table à sa seuerité, qu'vn homme
doit non seulement se porter du
respect, mais encor de la crainte.

Celuy qui perd la crainte qu'il
se doit

ſe doit à ſoy-meſme, laſche la
bride aux autres & facilite leur
liberté par la ſienne propre.

PARTIE XV.

De la Sympathie ſublime.

'E ST vne Partie digne
d'vn Heros, d'auoir de
la ſympathie auec les
Heros.

Il ſuffit à vne plante de ſym-
pathiſer en quelque choſe auec
le Soleil, pour s'eſleuer à vne hau-

G

teur de Gean, & faire paſſer ſa
fleur pour la couronne des iardins.

La ſympathie eſt vn des prodiges cachez de la nature, mais
ſes effects ſont la matiere de l'e-
ſtonnement & le ſuiet de l'admiration.

Elle conſiſte dans vn parenta-
ge des cœurs, de meſme que l'antipathie dans vn diuorce des vo-
lontés.

Quelques vns tirent ſon origine de la correſpondance dans
les temperamens, & d'autres de
l'alliance auec les aſtres.

Celle-là aſpire à faire des miracles, & celle-cy des monſtruo-
ſitez : les prodiges de la ſympathie ſont ceux que l'ignorance
commune reduit aux charmes,

& les esprits vulguaires aux en-
chantemens.

La plus accomplie perfection
souffre, des mespris de l'antipathie, & la plus difforme laideur
est vniquement cherie de la sympathie.

Elles s'emancipent de porter
leur iurisdiction entre le pere &
le fils : elles font voir tous les
iours des effets de leur puissance,
foullant aux pieds les loix, & bra-
uant insolemment les priuileges
de la nature & de la politique:
vne antipathie oste les royaumes
& vne sympathie les donne.

Il n'est rien que les merites de
la sympathie ne surmontent: elle
persuade sans eloquence, & ob-
tient tout ce qu'elle desire, en re-
presentant les marques d'vne

conuenance naturelle.

L'eminente sympathie est, vn
charactere & vne constellation
qui nous dispose aux qualitez
des Heros; mais il s'en trouue
qui ont le naturel de l'ayman, qui
entretient vne antipathie auec le
diamant, & vne sympathie auec
le fer; estrange frenesie de porter son appetit sur vn rebut de
nature, & ne pouuoir souffrir
l'esclat d'vne beauté.

La conduite de Louys vn-
ziesme estoit aussi extraordinaire
que les inclinations de son ame:
il auoit vne antipathie contre la
grandeur plus par nature que par
artifice : & s'ecartoit bien souuent de la veritable Politique,
pour vouloir trop raffiner dans
ses maximes.

La sympathie actiue releue grandement son suiet, si elle est sublime, & encor plus la passiue si elle est Heroïque : elle est plus pretieuse que la grande pierre de l'anneau de Gyges, & surpasse en vertu les chaisnes du Thebain.

Il est facile d'auoir inclination pour les grands hommes, mais il en est peu qui leur ressemblent : le cœur enuoye bien souuent ses elans, & la conscience souspire, mais ils ne sont point secondez par la suitte des actions : dans l'eschole de l'amour, la premiere leçon est de la sympathie : c'est donc vn trait d'esprit iudicieux de connoistre parfaittement la sympathie passiue, pour en tirer auantage ; il se faut seruir de ce

charme naturel , & auancer par
l'art ce que la nature a commencé.

Et c'eſt auſſi vne opiniaſtreté
autant indiſcrette comme inutile
de pretendre rien faire, ſans cette
faueur de nature, & c'eſt en vain
que l'on s'efforce de conquerir
les volontez, ſans eſtre muny de
ſympathie.

Mais celle qui ſe rencontre
dans la perſonne d'vn Roy, ſe
peut dire la Reyne de toutes les
belles parties; elle paſſe les termes
du prodige : c'eſt vne baſe qui a
touſiours ſeruy à eſleuer vne immortalité ſur les fondemens d'v-
ne bonne fortune.

Cette auguſte qualité demeure quelques fois amortie, ſi elle
n'eſt animée par le doux vent de

la faueur : l'ayman n'attire point
le fer audelà des limites de son
ressort, ny la sympathie ne peut
non plus agir dehors la Sphere
de son actiuité : la condition
principale est l'approchement,
mais non pas l'interposition.

Vous qui aspirez aux qualitez
des Heros, redoublez icy vos at-
tentions ; car cette partie fait e-
clatter son suiet, comme vn Soleil
dedans son Orient.

PARTIE XVI.

Renouuellement de grandeur.

LEs premiers emplois seruent de preuüe à la valeur: noſtre reputation prend ſa naiſſance de leur eſclat, & noſtre capacité ne ſe meſure que par leurs ſuccez.

Des miracles dans les progrez ne ſont pas ſuffiſans pour rehauſſer des commencemens vulguaires, & quelques efforts que l'on faſſe par apres, ce n'eſt touſiours que rabiller le paſſé.

Vn commencement esclattant a cela de propre, qu'il entraine apres soy les acclamations de tout le monde, & engage la valeur à de plus hautes entreprises.

Le soupçon, en matiere de reputation dans les commencemens, tient de la nature de la predestination : car si vne fois il auoisine le mespris, la disgrace en est irreparable.

Qu'vn Heros s'esleue donc auec l'esclat d'vn Soleil, qu'il s'attache tousiours aux grandes entreprises, mais sur tout dans les commencemens : vn employ commun ne peut pas aquerir vn credit extraordinaire non plus qu'vn Pigmée passer pour vn Gean.

Les commencemens aduanta-

geux seruent de caution à l'opinion ; & ceux d'vn Heros doiuent butter cent lieües plus loing
que les proiets d'vn vulguaire.

Ce Soleil des Capitaines & ce
General des Heros, le Comte
Heroïque de Fuentes nasquit
aux applaudissemens auec vne
demarche de Soleil, lequel pa-
roist vn Gean de lumiere dedans
son Orient.

Sa premiere entreprise pouuoit seruir de bornes aux ambi-
tions d'vn Mars : il ne fit point
d'apprentissage de renommée,
mais il passa maistre dés le premier iour dans l'immortalité.

Il assiegea Cambray contre le
sentiment de tous les autres Capitaines , parce que la force de

son esprit estoit aussi extraordinaire que celle de son courage : il
fut pluftost connu pour Heros,
que pour soldat.

Il faut de grands aduantages
pour se dégager auec honneur
d'vne grande attente : celuy qui
est Spectateur conçoit haute-
mét, parce qu'il luy coufté moins
d'imaginer les beaux exploits,
qu'à celuy qui les execute de les
mettre en œuure.

Vn exploit inesperé a semblé
plus qu'vn prodige preuenu par
l'attente.

Vn cedre croift beaucoup plus
dans l'esclat d'vne seule aurore
que l'hyssope dans l'espace de
tout vn lustre, parce que des
commencemens vigoureux font
esperer des hauteurs de Gean.

Vne maxime dans antecedent
traine apres foy de grandes con-
sequences : la faueur de la fortune se declare, la grandeur de la
capacité, l'applaudissement general & la bien-veillance vniuer-
selle.

Mais les commencemens vi-
goureux ne sont pas suffisans, si
les progrés témoignent de la foiblesse : Neron commença auec
des applaudissemens de Phenix,
& finit auec des horreurs de Ba-
silisc.

Si des extremitez dispropor-
tionnées viennent à se ioindre
par ensemble, il n'en peut reüssir
que quelque chose de mon-
strueux.

Il est aussi malaisé d'accroistre
le credit, comme de le faire nai-

ſtre : la reputation s'envieillit &
l'applaudiſſement eſt periſſable,
ainſi que le reſte des choſes, parce que les loix du temps ne con-
noiſſent point d'exception.

Les Philoſophes ont remar-
qué des tares de vieilleſſe dans le
plus grand de tous les luminaires,
& quelques decadences dedans
ſon brillement.

C'eſt donc vn trait autant digne d'vn Aigle comme d'vn Phenix, de renouueller la grandeur,
de faire renaiſtre la reputation, &
reſſuſciter l'applaudiſſement.

Le Soleil diuerſifie les orizons
à ſes iours, & change de theatre
à ſes feux, affin que la priuation
dans l'vn & la nouueauté dans
l'autre, entretiennent ſans ceſſe
l'admiration & le deſir.

Les Cesars retournoient à l'Orient de leur siege imperial, apres auoir illuſtré tout l'Vniuers par leurs victoires, & recommançoient à chaque fois comme de nouueau, à eſtre Monarques.

Le Roy des metaux paſſant d'vn monde à vn autre, a paſſé en meſme temps de l'extremité du meſpris à celle de l'eſtime.

La plus grande perfection perd de ſon prix pour eſtre trop commune, ſon obiect ſaoule bien-toſt nos deſirs & dégouſte nos enuies, s'il eſt iournalier.

PARTIE XVII.

Toute qualité sans affectation.

 L n'y a sorte de qualité d'excellence ny de perfection qui ne doiue seruir d'ornement à vn Heros, mais il n'en doit affecter aucune.

L'affectation est le contrepoids de la grandeur : elle consiste dans vne loüange tacite de soy-mesme, & si quelqu'vn nous loüe, le plus asseuré remede est de nous blasmer.

La perfection doit se trouuer
en nous, & la loüange dans autruy, & c'est vn chastiment tres
iuste, que l'homme qui fait men-
tion impertinemment de soy-
mesme, soit mis en oubly discret-
tement par les autres.

Il n'est rien de plus dégagé de
la seruitude que l'estime, elle ne
s'assuiettit à aucun artifice, & encor moins à la violence: elle se
rend plustost à vne eloquence
muette des qualitez, qu'à vne
vaine ostentation.

Vn peu d'estime de soy-mesme empesche beaucoup d'applaudissement d'autruy.

Tous les hommes d'esprit iu-
gent la qualité affectée plustost
pour violente que pour naturelle, plustost pour apparente que
pour

pour veritable, & ainſi elle perd
beaucoup de ſon prix.

Tous les Narciſſes tiennent
de la folie : mais ceux de l'eſprit
y participent dauantage, & leur
maladie eſt d'autant plus incura-
ble qu'elle conſiſte entierement
en ſon remede.

Que ſi l'affectation des qualitez eſt vne folie, au huictieſme
degré, il n'en reſtera aucun à l'affectation des imperfections.

Il en eſt d'autres qui penſans
fuyr l'affectation, ſe precipitent
dans le centre d'icelle : puis qu'ils
affectent de ne paroiſtre pas af-
fectez.

Tibere affecta la diſſimulation,
mais il ne ſceut pas bien diſſimuler qu'il eſtoit diſſimulé : la perfection d'vn art conſiſte à le

H

bien deguiser, & l'excellence de
la plus grande fineſſe, à la couurir par vne autre plus grande.

Celuy-là eſt doublement
grand, lequel poſſedant en ſoy
toutes les perfections, ne fait
pourtant pas ſemblant d'en eſti-
mer aucune ; il reueille l'attention de tout le monde par vn
genereux meſpris, & faiſant luy
meſme l'aueugle dans ſes pro-
pres vertus, il fait naiſtre des
yeux d'Argus, à ceux qui le con-
ſiderent.

Cette ingenieuſe conduitte ſe
peut bien appeller la merueille
des addreſſes : car ſi les autres
acheminent à la grandeur par
des voyes extraordinaires, celle-
cy nous porte au troſne de la re-

nommée & au comble de l'immortalité par vn chemin tout
contraire.

PARTIE XVIII.

Emulation des idees.

L A plus part des He-
ros n'ont point eu
d'enfans, au moins
qui ayent participé
aux qualitez Heroï-
ques ; mais pour cela les imitateurs ne leur ont pas manqué; il
semble que le Ciel les a propo-

fez pluftoft pour exemplaires de la valeur que pour propagateurs de la nature.

Les hommes eminens font des liures animez de la reputation, defquels il faut tirer des leçons de grandeur, repetant leurs actions, & interpretant leurs exploits.

Il fe faut propofer les premiers dans chaque predicament, non pour les imiter fimplement : mais pour afpirer auec ialoufie à leur gloire, non pour les fuiure, mais pour les deuancer.

La memoire d'Achille fut vn puiffant refueil pour Alexandre, lequel s'eftant endormy dans le tombeau de ce fameux guerrier, fe fentit extraordinairement piqué de l'emulation de fa gloire :

ce genereux Macedonien ouurit egalement les yeux & aux larmes, & à l'estime, & pleura non pour voir Achille dans le tombeau : mais pour se sentir encor si reculé de sa renommée.

Alexandre engagea en suitte Cesar dans la mesme emulation, & ce que fut Achile pour Alexandre, Alexandre le fut pour Cesar : il le piqua au vif dans la generosité de son cœur, & passa si auant qu'il mit la reputation en controuerse, & fit entrer la grandeur en comparaison, parce que si Alexandre changea l'Orient en vn theatre de proüesses, Cesar en fit de mesme de l'Occident.

Le magnanime Dom Alonso Roy d'Arragon & de Naples,

auoit accouſtumé de dire qu'vn
courageux cheual n'eſt pas plus
animé par le ſon de la trompette,
qu'il ſe ſentoit enflammé au re-
cit de la reputation de Ceſar.

Et il eſt à remarquer comme
ces Heros vont heritans auec l'e-
mulation la grandeur, & auec la
grandeur la renommée.

Dans toutes ſortes d'emplois,
il y en a qui occupét les premiers
rangs, de meſme que les derniers:
les vns ſont les miracles de l'excellence, & les autres le contre-
pied des miracles: que le diſcret
ſçache donner à propos à vn chacun le degré qu'il merite, & que
pour cet effet, il apprenne par
cœur la categorie des Heros, &
repaſſe ſouuent par ſon eſprit les
roolles de la renommée.

Plutarque a fait dans ſes parallelles, la table des Heros des ſie-
cles paſſez, & Paul Ioue dans ſes
eloges, la liſte des modernes.

PARTIE XIX.

Paradoxe Critique.

Ncore que l'Heros ſoit à couuert de l'oſtracis-
me d'Athenes, il court
riſque d'eſtre cenſuré par les Critiques de ce temps.

La vigueur de ceux-là l'enuoy-
ra dés auſſi-toſt en Exil: mais ce
ne peut eſtre que dans le reſſort
de la renommée, & aux confins
de l'immortalité.

H iiij

Ce Paradoxe le condamne de
crime, fans neantmoins faillir:
c'eſt vne perfection Critique de
broncher legerement dás la prudence, ou dedans la valeur, pour
entretenir l'enuie & nourrir la
mauuaiſe humeur de la maligni-
té.

Les Critiques eſtiment qu'il
eſt impoſſible de les euiter, non
pas au plus accomply de tous les
hommes, parce que ce ſont des
harpies ſi affamées qu'elles ont la
hardieſſe de mettre la dent ſur les
proyes les plus releuées, lorſque
les plus viles leur manquent.

Il eſt des intentions detrem-
pées d'vn venin ſi ſubtil, qu'elles
ſçauent transformer les plus
belles qualités, donner vn autre
viſage aux perfections, & vne ſi-

niſtre interpretation aux entrepriſes les plus glorieuſes.

De ſorte que cè doit eſtre vne
ruſe politique de conſentir à
quelque faute legere, pour donner dequoy ronger à l'enuie, &
diuertir le venin de l'emulation.

Elle paſſera encor pour vn te-
riaque Politique & pour vn con-
trepoiſon de prudence, puiſque
naiſſant d'vne indiſpoſition, elle
a pour effet la ſanté, elle garanti-
ra le cœur en s'expoſant à la mé-
diſance & attirant à ſoy tout le
venin.

Et enfin nous voyons qu'vn
egarement de nature augmente
bien ſouuent la perfection d'vne
beauté, & qu'vne mouche bien
appliquée rehauſſe l'eſclat d'vn
beau viſage.

Il y a des manquemens fans defaut, Alcibiades en affecta quelques-vns dans la valeur, & Ouide
dans les traits de l'efprit, les ap-
pellant les cauteres de la fanté.

Mais cette partie me femble
fuperfluë, & pluftoft vne delicate
ceremonie d'vn homme qui a
bonne opinion de foy-mefme,
que non pas vn trait de difcre-
tion.

Qui eft le Soleil fans eclipfe, le
diamant fans paille, & la rofe fans
efpines?

Il ne faut point d'artifice où la
nature fuffit, & l'affectation eft
fuperfluë, où la negligence eft
bien-feante.

DERNIERE PARTIE.

Le plus excellent ioyau de la Cou-
ronne d'vn Heros.

Oute lumiere descend
de celuy qui en est le
pere, & si de pere en fils
la vertu est fille de la lumiere se-
courante, elle est aussi heritiere de
la splendeur: le peché est vn monstre que l'aueuglement a auorté,
c'est pourquoy il est heritier des
tenebres.

Tous les Heros ont autant
participé à la grandeur comme à
la vertu, parce qu'elles marchent
sur des lignes parallelles, depuis la
naissance, iusques à la mort.

L'vne s'eclipſa dans la perſonne de Saül auec l'autre, & cómen-
cerent toutes deux à paroiſtre e-
gallement en celle de Dauid.

Conſtantin a eſté le premier
entre les Ceſars qui a porté le nó
de Grand, & a eſté coniõintemét
le premier Empereur Chreſtien;
c'eſt l'oracle qui a declaré le pa-
rentage entre la grandeur & les
vertus Chreſtiennes.

Charles Empereur des François acquit le meſme renom &
aſpira à celuy de ſaint.

Le tres glorieux Roy Louys a
eſté la fleur des ſaints & des Roys.

En Eſpagne nous ſçauons que
Fernand de Caſtille appellé dans
ce Royaume communement le
ſaint, a eſté l'vn des grands de l'v-
niuers.

Le Conquerant d'Arragon a consacré autant de temples à l'imperatrice des Cieux qu'il a conquis de chasteaux.

Les deux Roys Catholiques Fernand & Isabelle, ont esté non plus outre, c'est à dire les colomnes de la Foy.

Le bon, le chaste, le pieux, le zelé des Philippes d'Espagne a conquis vn des plus nobles sieges de l'empirée, sans perdre vn poulce de terre, & il est vray qu'il a plus vaincu de monstres auec sa vertu que l'inuincible Hercule auec sa massuë.

Entre les Capitaines Godefroy de Buillon George Castriot, Rodrigues Dias de Viuar, le Grand Gonçales Fernandez, le premier de sainte croix, & la terreur des Turcs, le Sereniſſime Seigneur

Dom Iean d'Austriche, ont esté
des miroirs de vertu, & des temples de la pieté Chrestienne.

Entre les Heros de l'Eglise, les
deux premiers ausquels la grandeur a donné le surnom, à sçauoir
Gregoire & Leon, ont tiré leur
plus grand lustre de la sainteté.

S. Augustin mesme le Soleil des
esprits, rapporte toute la grandeur des gentils & des infidels,
au fondement de quelques vertus morales.

La grandeur d'Alexandre se
borna lorsque ses vertus cómen-
cerent à diminuer, & Hercule
cessa de surmonter les monstres
indomptables, lors qu'il se rendit
partisan du vice, & se fit tribu-
taire de l'impudicité.

La iustice de la fortune a esté
aussi cruelle enuers les deux Ne-

rons, qu'ils se monstrerent tyrans
de leurs vassaux.

Sardanapale, Caligula & Rodri-
gue ont esté des monstres de lasci-
ueté & de bassesse de courage, de
mesme que des suiets d'vn prodi-
gieux chastiment.

Cette partie se rend aussi remar-
quable dedans les monarchies.

Celuy qu'on peut nommer la
fleur des Royaumes, a maintenu sa
vigueur, pendant que la pieté & la
religion y ont fleury, & sa beauté
s'est veuë flêtrie par les desordres de
l'heresie.

La Reyne des Prouinces trouua
son tombeau dans le feu de Rodri-
gue, & vint à renaistre dans la pieté
de Pelage ou dás le zele de Fernand.

La tres auguste maison d'Austriche s'est renduë la merueille des fa-
milles, en fondant sa grandeur sur

celle qui eſt l'abregé des miracles
diuins, & ſignala ſon ſang imperial
par ſes religieux deuoirs enuers celuy de noſtre Dieu, dans le ſainct
Sacrement de l'Autel.

Vous donc eſprits iudicieux qui
pretendez aux qualitez des Heros,
remarquez le plus important talent, attachez vous à la plus con-
ſtante Politique.

La grandeur ne ſe peut fonder
dans le peché, qui eſt vn rien, mais
en Dieu qui eſt le tout.

Si l'excelléce mortelle eſt à deſirer,
l'eternelle doit eſtre ambitionnée.

C'eſt bien peu ou pluſtoſt rien
que d'eſtre Heros de ce monde, &
c'eſt beaucoup de l'eſtre du Ciel, au
grand monarque duquel ſoit don-
née la loüange, l'honneur & la
gloire.

FIN.